ROHES
FLEISCH
T-Bone-Steak
Elchfilet

ROHES FLEISCH

Männer essen anders

ROHES
FLEISC
Männer essen anders

ROHES
ENHOTEL
OHNEN IM KULTURDENKMAL

Inhaltsverzeichnis

Am Anfang war ... eben nicht das Feuer! 4
Mythos Fleisch 5
Fleischeslust 8
Reine Geschmackssache? 9
Ist rohes Fleisch ungesund?................... 10
Umgang mit rohem Fleisch.................... 12
Die Qualität entscheidet........................ 12
Mein Weg von der Höhle in die Küche 14

Das perfekte Steak................................ 18
» Rinderfiletsteak pur 25
» Hüftsteak mit Parmesankartoffeln 26
» Rumpsteak vom heißen Stein 28
» T-Bone-Steak vom Reh.................................29
» Hirschmedaillons mit Bohnen 31
» Pferdesteaks mit Paprikagemüse 32
» Rib-Eye-Steak mit Ofenkartoffeln..................35
» Straußensteaks mit Knoblauchspaghetti 36
» Kobe-Steak auf Kartoffelstroh 39
» Iberico Filet mit Tomatenkartoffeln 40
» Bisonsteak mit Sauce Béarnaise 42
» Kudu-Steak mit Bohnenbündchen.................43
» Tournedos mit Sherrysoße...........................45
» Entenbrust mit Orangenfilets und Kresse 46

Schweinemett & Tatar 49
» Tatar vom Rind 51
» Thunfischtatar 52
» Lachstatar 55
» Schweinemett..56
» Schweinemett mediterran 58
» Noch viel mehr Mett 59

Carpaccio.. 61
» Carpaccio vom Hirschfilet............................62
» Carpaccio von der Gänsebrust 65
» Carpaccio vom Rinderfilet............................66
» Austern 69
» Sushi Variationen 69

Beizen 76
» Gebeiztes Schweinefilet 79
» Mariniertes Kalbsfilet..................................80
» Graved Lachs...83
» Gebeizter Zander 84

Fleisch räuchern und trocknen 87
» Echter Schinken...88
» Afrikanisches Biltong 91
» Getrocknete Entenbrust 92
» Getrocknetes Rindfleisch.............................93

Und als Nachtisch
noch ein Steak ... mit Vanillesoße 94

Am Anfang war … eben nicht das Feuer!

Wie alt die Menschheit nun wirklich ist, kann die Wissenschaft bis heute nicht genau belegen. Also belassen wir es bei der wahrscheinlichsten, da am häufigsten angenommenen, Angabe von 2 Millionen Jahren.

Dagegen ist aufgrund von Funden ziemlich sicher nachgewiesen, dass der erste kontrollierte Gebrauch von Feuer ca. 1,5 -1,8 Millionen Jahre zurückliegt.

Die Menschen haben demzufolge mindestens 200.000 Jahre ihre Nahrung roh verzehrt.

Weiter gehen die wissenschaftlichen Diskussionen, ob der Mensch zu dieser Zeit bereits sein Fleisch gejagt hat oder ob er zunächst von Aas und leicht einzufangenden Tieren wie Schnecken und Insekten lebte. Das wäre zwar interessant zu wissen, ändert aber nichts an der Tatsache, dass Fleisch roh gegessen wurde.

Offensichtlich ist es dem Homo erectus sehr gut bekommen, denn sonst hätte er sich nicht weiterentwickeln können. Zugegeben, er hatte wohl ein viel robusteres Verdauungssystem als der heutige Gourmet. Aber durch die Anforderung an Kraft, die die Natur zu dieser Zeit an den Menschen stellte, musste er auch zusehen, wo er täglich 4000 Kalorien in Form von energiereicher Nahrung auftrieb. Und das nur für sich alleine. Dazu kam noch der Bedarf für die nahestehenden Menschen, die noch nicht oder gerade nicht oder nicht mehr für sich selbst sorgen konnten.

Nach einer Studie des Anthropologen Professor William R. Leonhard an der Northwestern University in Evanston (Illinois) konnte das Gehirnwachstum nur durch eine sehr gehaltvolle Ernährung gewährleistet werden. Betrachtet man die rasante Gewichtszunahme zwischen dem Gehirn des Homo habilis vor 2 Millionen Jahren mit $600\,cm^3$ und dem 300.000 Jahre später lebenden Homo ergasta mit $900\,cm^3$, liegt die Vermutung nahe, dass während dieser Zeit die Jagdtechniken perfektioniert wurden. Hier ergibt sich ein interessanter Synergieeffekt: Mehr Nahrung = größeres Gehirn. Und umgekehrt: größeres Gehirn = verbesserte Fähigkeit zur Nahrungsbeschaffung. Eine etwas gewagte Theorie besagt sogar, dass erst durch die kollektive Jagd die Sprache entwickelt wurde.

Mythos Fleisch

„Iss dein Fleisch auf, dann wirst du groß und stark" – das hat wohl jeder kleine Junge schon mal von der Mutter gehört. Aber wieso eigentlich?

Hat das vielleicht mit dem schamanischen Glauben zu tun, dass sich die Stärke und die animalischen Triebe eines Tieres durch das Aufessen seines Fleisches und Blutes übertragen?

Von jeher wird Fleisch mit Stärke, Lebenskraft, Ausdauer und Energie assoziiert. Bei unseren ältesten Vorfahren galt derjenige als Held, der mit dem selbst gebauten Speer das größte Wildtier erbeutete und damit das Überleben der Sippe sicherte. Und seien wir mal ehrlich: Bei den heutigen Grillpartys ist das nicht viel anders. Mit großen Rindersteaks oder edlen Wildmedaillons findet man mehr Beachtung als mit Maiskölbchen.

Eine Mahlzeit ohne Fleisch gilt als nicht komplett. Wer ernährt sich schon von … Beilagen?

Dabei macht man selbst beim Fleisch Unterschiede: dunkles Fleisch, z.B. Wild, wird oft als wertvoller angesehen und bevozugt an Feiertagen serviert. Helles Fleisch dagegen, wie Schwein oder Geflügel, wird alltäglich gegessen.

Konnte in Urzeiten noch jeder zur Jagd gehen, der körperlich dazu in der Lage und entsprechend gut ausgerüstet und bewaffnet war, und später jeder unbescholtene Bürger, so schob der europäische Adel diesem Privileg einen Riegel vor. Man unterteilte in die „Hohe Jagd", die dem Adel vorbehalten war, der weiterhin Hirsch & Co. nachstellen durfte, und die „Niedere Jagd", bei der man sich auf Hasen, Kaninchen etc. beschränken musste.

Diese Unterteilung nach Hoch- und Niederwild existiert bis heute. Das Recht zur Jagd liegt allerdings seit 1848 wieder bei dem Eigentümer an Grund und Boden.

Auch in den Religionen hält sich der hohe Status des Fleisches bis heute, wobei das islamische Opferfest nicht das einzige ist, das noch ein Tieropfer fordert. Wenn auch nicht in kollektiver Form, sondern eher im kleinen Kreis.

In unserem Kulturkreis halten sich hartnäckig Osterlämmer und Weihnachtsgänse als Festtagsmahl.

Rez. 2128. Kalter Fleischaufguß. (Originalrezept von Dr. B. in Br.) 250 *g* bestes Rindfleisch ohne Fett und Sehnen wird in kleine Stücke geschnitten und in ein porzellanenes oder irdenes Gefäß getan. Hierauf übergießt man es mit $\frac{1}{2}$ *l* kaltem destillierten oder abgekochtem Wasser und setzt 5 Tropfen chemisch reine Salzsäure (Chlorwasserstoffsäure) hinzu. — Nun läßt man das Gefäß mit Inhalt an einem kühlen Orte 4 Stunden stehen und gießt hierauf die Flüssigkeit durch feines Leinen. — Man gibt dem Patienten diese Flüssigkeit in etwa stündlichen Portionen innerhalb 12 Stunden zu trinken. Um den Geschmack ein wenig zu heben, kann man etwas Kochsalz oder statt dessen etwas Rotwein hinzusetzen. Der Aufguß muß am kühlen Orte aufbewahrt werden.

Rez. 2129. Fleischtee im Dunst. Bestes Rindfleisch ohne Fett und Sehnen wird in kleine, etwa nußgroße Stücke geschnitten und in eine sauber gespülte, weithalsige Flasche getan. Man verkorkt dieselbe fest, schlägt sie in ein Küchentuch ein und stellt sie in einem Gefäß mit kaltem oder lauem Wasser aufs Feuer; sobald das Wasser kocht, gibt man acht darauf, daß dasselbe gleichmäßig weiterkocht, und gießt, wenn nötig, noch kochendes Wasser hinzu. Nachdem das Fleisch in der Flasche etwa 4 Stunden gekocht hat, nimmt man die Flasche heraus, öffnet sie und gießt den Fleischsaft, der sich gebildet hat, durch ein leinenes Tuch. Man gibt diesen Fleischtee dem Kranken löffelweise nach Verordnung.

Fig. 749. Haarsieb.

Dass Fleisch – und hier besonders Rindfleisch – Stärke und Kraft verleihen soll, findet sich in fast jedem Kochbuch des 19. und 20. Jahrhunderts im Kapitel „Krankenkost“. Die Kraftbrühe aus Rindfleisch half praktisch gegen jedes Wehwehchen. Für schwierigere Fälle wurde „Kalter Fleischaufguss“ empfohlen, eine Brühe aus mit Salzsäure zersetztem Rindfleisch.

Der erste in Deutschland hergestellte Fleischextrakt wurde im 19. Jahrhundert in der bayerischen Hofapotheke produziert und der königliche Leibarzt verordnete es als stärkendes Medikament.

Der Name des „Erfinders“ ist kein Geheimnis: Es war der Chemiker Prof. Dr. Justus von Liebig, der mit seinem Verfahren zur Extraktion und Konzentrierung des Extrakts aus Fleisch zu Weltruhm gelangte.

Nur leider hatte der fähige Chemiker selbst nicht die finanziellen Mittel, sein Produkt zu vermarkten, denn für die Herstellung eines Kilogramms Fleischextrakt wurden 32 Kilogramm mageres Rindfleisch benötigt. Durch einen glücklichen Zufall ergab sich, dass ein deutscher Ingenieur in Uruguay feststellte, dass dort frei lebende Rinder wegen ihres Fells, der Hörner, der Knochen und des Fettes erlegt wurden, das Fleisch jedoch aufgrund mangelnder Kühlmöglichkeiten ungenutzt zurückgelassen wurde.

Mit dieser Erkenntnis im Gepäck und Justus Liebigs Forschungsergebnissen entstand 1862 die erste Produktionsstätte für Fleischextrakt in Uruguay mit Import nach Deutschland. Bereits wenige Jahre später verzeichnete die in Belgien angesiedelte Firma ein Verkaufsvolumen von 25.000 bis 28.000 Kilogramm Extrakt pro Jahr.

[Quelle: http://www.fleischextrakt.net/]

LIEBIG COMPANY'S FLEISCH-EXTRACT

hergestellt in Fray-Bentos und Zweigetablissements (Süd-Amerika).

HÖCHSTE AUSZEICHNUNGEN AUF ERSTEN WELTAUSSTELLUNGEN SEIT 1867.

Ausser Preisbewerb seit 1885.

1.

II. Gesang.

— — — — sie sehn sich Beide,
Sie fährt zusammen, doch sie denkt:
Der Waidmann thut dir nichts zu Leide,
Und weiter sie die Schritte lenkt.

Nur echt wenn jeder Topf den Namenszug „J. v. LIEBIG" in blauer Schrift quer durch die Etiquette trägt.

Aus Offizierskreisen hört man nicht selten den schätzbaren Werth des Liebig'schen Fleisch-Extracts für Militärzwecke erwähnen; namentlich lobt man es als ein leicht handliches Hülfsmittel zur Ernährung und Erquickung auf Märschen, bei Manövern und in Bivouaks, in welch letzterer Beziehung es auch im Kriege bereits die vortrefflichsten Dienste geleistet hat. Die consistente Beschaffenheit, sowie die grosse Ausgiebigkeit des Liebig'schen Extracts gestatten dessen Mitführung in kleinsten Volumen, sind somit für den empfohlenen Zweck Eigenschaften von hervorragender Wichtigkeit.

Das Fleisch-Pepton der Compagnie Liebig

ist für Magenleidende ein diätetisches Nähr- und Kräftigungsmittel.

Publishers: Liebig's Company, Antwerp.

Gutes Fleisch ist, trotz Inflation durch Massenproduktion, bis heute ein Statussymbol.

In schlechten Zeiten konnte sich längst nicht jeder einmal in der Woche Fleisch leisten, wobei das größte und schönste Stück, egal ob selbst erlegt oder gekauft, in unserem Kulturkreis schon immer dem Ernährer der Familie auf den Teller kam.

Fleischeslust

Sagen Sie doch mal zu einer Kollegin: „Ich esse gerne rohes Fleisch“, und sie werden eine fürchterliche Grimasse zu sehen bekommen, denn sie sieht vor ihrem geistigen Auge wie Sie verdreckt im Lendenschurz an einem Lagerfeuer sitzen und an einem Mammutknochen nagen.

Mit der gleichen Äußerung gegenüber einem männlichen Kollegen wird die Reaktion anders ausfallen. Wahrscheinlich interessierter. Rohes Fleisch essen hat in der Tat etwas archaisches.

Und es hat mit Mut zu tun. Denn Döner, Gulasch und Hackbraten erinnern nicht mehr an Tiere – rohes Fleisch dagegen schon.

In der Tat essen Männer mehr Fleisch als Frauen und sie bevorzugen größere Stücke, gerne auch mit Knochen. Möglicherweise ist dieses Essverhalten tatsächlich auf unsere Ahnen zurückzuführen, eben aus der Zeit, als der Mann als erfolgreicher Jäger hohes Ansehen genoss, während Frauen und Kinder in der Höhle auf Versorgung warteten.

Er war derjenige, der sich den teilweise gefährlichen Tieren im Kampf stellen musste, der sie Auge in Auge tötete und der sie zerlegte. Der Anblick war ihm also nicht fremd … und ist es anscheinend bis heute nicht.

Während sich beim Anblick junger Kälber auf einer Weide bei Frauen eher der „Oh, wie süß“-Gesichtsausdruck erkennen lässt, suggeriert das Männerhirn schon die Düfte von gebratenen Kalbsbäckchen.

Dass Fleischeslust eher Männersache ist, ergibt sich in dem Zusammenhang schon aus diesem wunderbar zweideutigen Begriff. Denn alles, was mit Begierde und Trieben zu tun hat, kann nur männlich sein.

Keuschheit und Unschuld dagegen sind die typisch weiblichen Attribute. Auch wenn unsere Gesellschaft positiv auf die Gleichstellung der Geschlechter hinarbeitet und das in vielen Bereichen des Lebens wahrscheinlich funktioniert und sinnvoll ist, wird – verfolgt man die Geschichte – bis zu einem kompletten Rollenwandel wohl noch das eine oder andere Erdzeitalter vergehen.

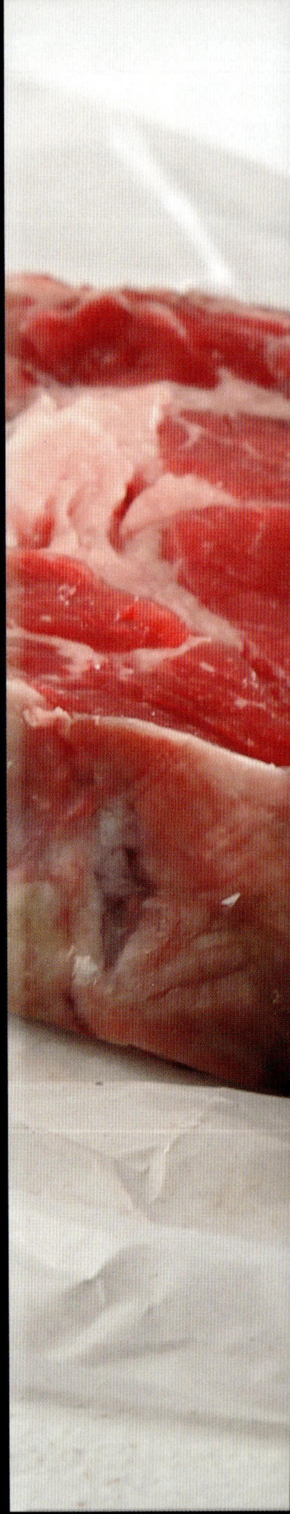

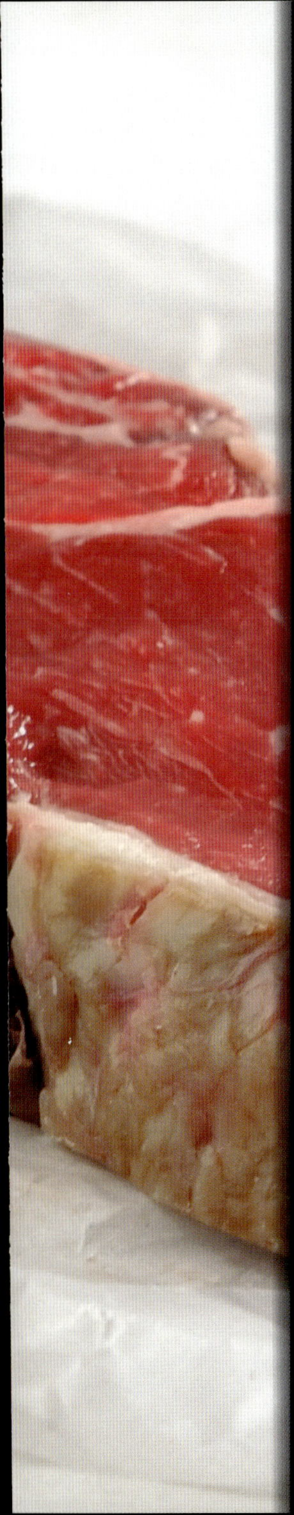

Reine Geschmackssache?

Welche Art von Fleisch gegessen wird, begründet sich im sozialen sowie im wirtschaftlichen Umfeld. Niemals kämen wir auf die Idee, einen Hund oder eine Katze zu essen, denn in unserem Kulturkreis gelten Hunde als beste Freunde des Menschen und Kätzchen sind putzig und kuschelig – mit diesem Gedankengut wachsen wir auf.

Vor Schlangen- und Krokodilfleisch schrecken wir erstmal zurück, weil sie in unserem Bewusstsein zu den gefährlichen Tieren zählen. Heuschrecken und Spinnen empfinden wir als eklig, wobei der Ekel eine rein anerzogene Sache ist. Ziemlich emotionslos betrachten wir allerdings Hühner, Schweine, Rinder und Schafe – hier sagt uns das Gehirn „Nahrung".

In anderen Kulturen ist der Verzehr bestimmter Tierarten sogar religiös verankert und verboten. Dem Inder wird sich der Magen herumdrehen bei dem Gedanken an unsere Steak-Häuser. Dass in Indien das Töten einer Kuh empfindlich bestraft wird, begründet sich darin, dass der Gott Krishna auf einer Kuh dahergeritten kam. Folglich sind alle Kühe heilig! Betrachtet man dabei Indiens historische wirtschaftliche Umstände, macht dieses Nahrungsverbot sogar Sinn, denn Kühe waren früher die wichtigsten Lasten- und Nutztiere des Landes. Die Inder taten also gut daran, sie nicht einfach aufzuessen.

Das Schweinefleischverbot der Muslime und Juden ist vermutlich auf die Sorge der „Unreinheit" zurückzuführen. Schweine sind Allesfresser, das heißt, sie fressen nicht nur alles, sondern sie sehen auch so aus. Sie suhlen sich in allem, womit der Mensch nicht unbedingt in Kontakt kommen möchte. Und wie nah liegt die Annahme, dass das hungrige Schwein auch vor infizierten Mäusen, Ratten und Kadavern nicht haltmacht. Das Ernährungstabu ergibt sich so gesehen aus dem natürlichen Selbsterhaltungstrieb.

Was wir wann und wie essen, hängt sehr eng zusammen mit dem Kulturkreis, in dem wir leben. Dabei ist der Wandel kaum zu übersehen ist. Bis Mitte des 20. Jahrhunderts waren Hausschlachtungen auf dem Land üblich. Kinder hielten die Eimer, wenn die frisch geschlachteten Schweine ausbluteten. In der traditionellen Wurstsuppe durften auch ruhig Schwänzchen und Ohren schwimmen. Das mit Zwiebeln gebratene Gehirn galt als besondere Delikatesse – für viele Stadtmenschen heutzutage eine barbarische Vorstellung.

Es ist zwar normal, Fleisch zu essen, aber es ist lange nicht mehr normal, dafür zu töten.

Die Fleischindustrie und der Handel setzen durch geschickte Verpackung und künstliche Beleuchtung alles daran, den Verbraucher bloß nicht an ein Stück totes Tier zu erinnern.

Aus „Metzgereien“ und „Schlachtereien“ werden mehr und mehr „Fleischereien“, das soll die unmittelbare Assoziation mit dem Töten verhindern. Es lenkt vom Tier ab und setzt das Produkt Fleisch in den Fokus. Aber selbst mit diesem kleinen Ablenkungsmanöver werden mehr und mehr „Fleischerfachgeschäfte“ irgendwann auf der Strecke bleiben.

Im Kühlregal des Supermarktes sieht das fertig gewürzte Grillsteak in einer Plastikverpackung, über die sich Scharen von Designern den Kopf zerbrochen haben, genauso appetitlich aus wie die dazugehörige Salatmischung samt Dressing.

Ist rohes Fleisch ungesund?

Wenn heutzutage vom Genuss rohen Fleisches abgeraten wird, hängt das bestimmt nicht vordergründig vom Produkt ab. Wer täglich 10 Papayas isst oder ständig Unmengen Muskatnuss in Gerichten verwendet, wird ebenso Probleme mit dem Magen bekommen. Es ist bekannt, wie ungesund langfristige einseitige Ernährung für den Körper ist. Ausgewogen soll sie sein.

Natürlich darf nicht übersehen werden, dass trotz ständig steigender Qualitätsstandards im Lebensmittelbereich immer wieder neue „Überraschungen“ in Form von Krankheitserregern auftauchen.

„Um lebensmittelbedingte Erkrankungen verhüten zu können, sind umfangreiche Kenntnisse über die involvierten Lebensmittel und die Umstände der Lebensmittelherstellung und Lebensmittelbearbeitung erforderlich.“

„Das Bundesinstitut für Risikobewertung (BfR) erfasst deshalb seit 2005 Daten zu Lebensmitteln, die an Krankheitsausbrüchen beteiligt waren. Der Verdacht auf einen lebensmittelbedingten Krankheitsausbruch besteht bei Erkrankungen von zwei oder mehr Personen, welche im Zusammenhang mit demselben Lebensmittel aufgetreten sind." Das besagt die Stellungnahme Nr. 035/2012 des BfR vom 19. September 2012.

Konzentrieren wir uns bei der 10-seitigen Stellungnahme auf das Lebensmittel Fleisch, können wir folgendes nachlesen:

„Das BfR hat für das Jahr 2011 Informationen zu 90 Krankheitsausbrüchen von 14 Bundesländern zur Auswertung erhalten. Im Vergleich zum Vorjahr waren es insgesamt 4,3 % weniger BELA-Meldungen." [BELA = Bundeseinheitliches System zur Erfassung von Daten zu Lebensmitteln, die bei Krankheitsausbrüchen beteiligt sind.]

Von den 90 Krankheitsfällen wurden 50 mit großer Wahrscheinlichkeit ausgelöst, davon 5 durch Fleisch, Fleischerzeugnisse und Wurstwaren, also nicht ausschließlich durch rohes Fleisch, 3 weitere Fälle sind in der Kategorie „Fisch, Fischzuschnitte und Fischereierzeugnisse" belegt.

Bei 11 von 50 Fällen wurde als Einflussfaktor, der vermutlich zur Kontamination beigetragen hat, „Handhabung durch infizierte Personen (Erreger nachgewiesen)" angegeben.

Fertiggerichte und zubereitete Speisen sind Spitzenreiter mit 14 Fällen.

Das Risiko, sich mit Krankheitserregern aus Frischfleisch oder Frischfisch zu infizieren, ist also relativ gering. (Doch Ausnahmen bestätigen bekanntlich die Regel: So können Heringsfilet, Zander oder Dorsch beispielsweise mit Nematoden, das sind kleine Fadenwürmer, befallen sein.)

Umgang mit rohem Fleisch, Fisch und Geflügel

Frischwaren, egal ob pflanzlicher oder tierischer Herkunft, müssen getrennt aufbewahrt werden, um eine Kreuzkontamination zu vermeiden.

Zusätzlich sollten Fleisch, Fisch und Geflügel untereinander nicht in rohem Zustand miteinander in Berührung kommen. Diesen Grundregeln genügen Sie mit separaten, luftdicht verschließbaren Boxen für den Kühlschrank.

Noch besser, aber auch kostenintensiver ist das Vakuumieren. Hier gibt es mittlerweile Hersteller, die den Bedarf dieser hochwertigen Geräte auch für den Privathaushalt erkannt haben und entsprechend erschwingliche Technik anbieten.

Achten Sie bei der Verarbeitung der Lebensmittel auf absolute Hygiene. Benutzen Sie nur frische Küchentücher oder Einwegtücher. Waschen Sie sich vor der Berührung von Lebensmitteln gründlich die Hände. Reinigen Sie alle Utensilien wie Messer, Schneidbretter, Schüsseln etc. nach dem Gebrauch mit heißem Wasser und keimtötenden Reinigern, ebenso die Arbeitsflächen.

Die Qualität entscheidet

Schweinefleisch, Geflügel, Fisch und Schalentiere müssen für den rohen Verzehr absolut frisch sein.

Bei den dunklen Fleischsorten von Rind und Wild dagegen gilt das Fleisch erst nach seiner jeweiligen Reifezeit als besondere Delikatesse. Niemand käme auf die Idee, ein frisches Rinderfiletsteak zu braten. Erst durch das „Abhängen“, die natürliche Zermürbung durch Milchsäure, wird das Fleisch zart und aromatisch.

Fachleute unterscheiden bei der Fleischreifung zwischen den Methoden „Dry Aging“ und „Wet Aging“.

„Wet Aging" ist heutzutage die gängige Form der Fleischreifung. Dabei wird das Fleisch vakuumiert, d.h. es wird in einem festen Kunststoffbeutel unter Entzug von Sauerstoff eingeschweißt und kühl gelagert. Die Milchsäurebakterien sorgen für eine anaerobe Fleischreifung. Der Prozess dauert 2 bis 3 Wochen. Da hier kein Gewichtsverlust entsteht, wird dieses Verfahren üblicherweise im Lebensmittelhandel angewendet.

„Dry Aging" ist eine der ältesten Methoden der Fleischreifung. Früher war es eine wichtige Art der Haltbarmachung. Dabei wurde das Fleischstück bzw. das ganze ausgenommene und abgezogene Tier an einer luftigen Stelle aufgehängt, so lange bis es rundherum eine trockene, feste Haut hatte, die eine verderbende Zersetzung durch Bakterien verhinderte.

Diese Art der Konservierung macht man sich auch heute noch zunutze. Der Hintergrund ist allerdings ein anderer und der Erfolg köstlich. In kontrollierter, klimatisierter Umgebung wird das Fleisch gereift. Die trockene Ummantelung wird abgeschält und übrig bleibt ein Kern von vollaromatischem Fleisch, das auf der Zunge zergeht.

Zum Glück ist der Begriff Hautgout (o:'gu:, von frz. haut goût, wörtl. „Hoher Geschmack") heute nur noch in historischem Zusammenhang zu finden. Das Abhängen von ganzen Wildkörpern im Fell bzw. in den Federn über längere Zeit, bis sie grün wurden, ist keineswegs ein Qualitätsmerkmal, sondern ein Indiz für mangelnde Kühlmöglichkeiten. Es hat aus heutiger Sicht absolut nichts in der Gourmetküche zu suchen.

Achten Sie beim Einkauf auf beste Ware und transportieren Sie sie unter allen Umständen gekühlt.

Fleisch und Geflügel bekommen Sie am frischesten beim Metzger. Wenn Sie nicht in unmittelbarer Nähe des Meeres wohnen, bietet sich der Kauf von Fisch und Schalentieren im Internet an, wenn der Anbieter fangfrischen und gekühlten Expressversand garantiert.

Mein Weg von der Höhle in die Küche

Traditionell ist die Frau diejenige, die das tägliche Essen zubereitet. Der Grund dafür findet sich in der Vorzeit, als die Rollenverteilung begann.

Sie ist von Anfang an diejenige, die Leben schenken kann und es ist ihr Auftrag, die Kinder, solange sie sie brauchen, zu umhegen und zu versorgen. Im Alltagsleben der Steinzeitmenschen hat sie zunächst sicher mit der ganzen Sippe gejagt, aber vermutlich weniger erfolgreich, denn sie musste immer wieder Pausen einlegen, um ihren mütterlichen Pflichten nachzukommen.

Wenn ein großes Tier erbeutet wurde, stellte sich unter Umständen eine logistische Aufgabe: die Beute musste erst zerlegt und dann nicht selten über weite Strecken transportiert werden. Es braucht keine Erklärung, wem die Aufgabe des säuberlichen Zerlegens vor Ort und wem die Aufgabe des langen, schwierigen Transportes zufiel …

Was wir Männer bis heute erfolgreich verteidigt haben, ist der Platz am Lagerfeuer und am Grill. Da dürfen uns die Frauen dann allzu gern mit leckeren Beilagen und selbst gebackenen Brötchen in die Quere kommen.

Ansonsten kommen wir doch bestens zurecht.

Wir brauchen ja nicht viel:

» 1 großes Stück Fleisch

» Salz & Pfeffer

Wenn nicht anders angegeben, sind die Rezepte für 4 Personen berechnet.

Vielen Dank an meine Frau Claudia, die nicht nur diese Leidenschaft mit mir teilt, und an unsere Söhne Damian und Laszlo für die herrlichen Männerabende bei Fleisch und Brot.

Wolfgang Angsten

ROHES
FLEISCH

ROIES FLESCH
Männer essen anders

ROHES
FLEISCH

Das perfekte Steak

Das gibt es! Und man muss kein Sternekoch sein, um ein perfekt gebratenes Steak auf dem Teller zu haben. Wenn man einige Dinge beachtet, steht dem absoluten Genuss nichts mehr im Wege.

Herkunft

Achten Sie auf die Herkunft des Fleisches. Es ist mittlerweile jedem Verbraucher bewusst, dass Discounter- bzw. Supermarktfleisch qualitativ meist nicht wirklich viel zu bieten hat. Für Qualität müssen wir etwas tiefer in die Tasche greifen. Dafür werden wir allerdings mit einem besonderen Geschmack belohnt. Kaufen Sie hierfür Bio-Fleisch, das gewährleistet, dass bei der Erzeugung auf artgerechte Haltung und natürliche Fütterung größten Wert gelegt wird. Die Tiere haben Zeit zum Wachsen, werden mit Futter aus biologischem Anbau gefüttert und sollten in der Regel das ganze Jahr über Auslauf haben. All das werden Sie schmecken.

Einkauf

Schon beim Einkauf sollten Sie darauf achten, wie Ihr Fleisch aussieht. Rindfleisch muss eine kräftige rote Farbe haben. Entscheidend für den Geschmack ist außerdem die Marmorierung des Fleisches: diese Fettablagerungen sorgen für das Aroma. Je marmorierter das Fleisch, desto zarter und saftiger ist das Steak. Und nicht zu vergessen, gut abgehangen soll es sein.

Aufbewahrung

Zuhause angekommen, bewahren Sie Ihr Fleisch, abgedeckt oder eingepackt, bei 2-4 °C im Kühlschrank auf (nicht im Gemüsefach). Holen Sie das Fleisch vor dem Braten früh genug aus dem Kühlschrank und geben Sie ihm Zeit, Zimmertemperatur zu erreichen. Jetzt nur noch mit lauwarmem Wasser abwaschen, sorgfältig trocken tupfen und los geht's in die Pfanne. Oder doch noch nicht?

Erst kommt die Frage aller Fragen: Das Steak vor oder nach dem Braten würzen? Hierüber wurde schon gestritten, diskutiert und philosophiert – nur leider keine eindeutige

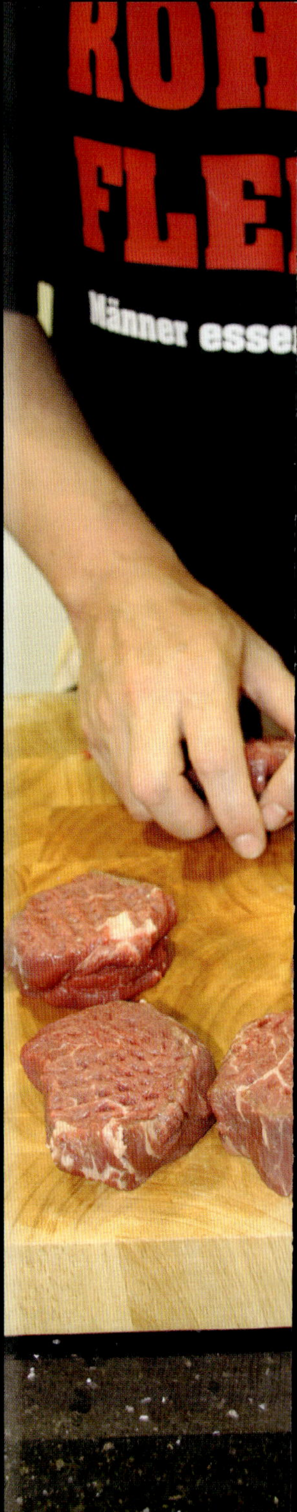

ES
SCH
anders

Antwort gefunden! Trotzdem empfiehlt es sich, Steaks erst nach dem Braten zu würzen, denn z.B. vorzeitiges Salzen entzieht dem Fleisch das Wasser. Und Sie wollen doch in den Genuss des vollen Fleischaromas kommen!

Zubereitung

Zum Braten verwendet man am besten Öl (in einer soliden Pfanne), das sich hoch erhitzen lässt (Flaschen-Etikett beachten!). Um zu sehen, ob es heiß genug ist, einfach den Stiel eines Holzkochlöffels in das Fett halten, es sollten sich sofort Bläschen bilden. Noch genauer geht das mit einer speziellen Steakpfanne, die am Griff die Temperatur des Öls anzeigt.

Die Temperatur sollte um die 250 °C beim Abraten und ca. 150 °C während der Garzeit betragen.

Gönnen Sie Ihrem Steak nach dem Braten etwas Ruhe, damit sich der Fleischsaft richtig im Fleisch verteilen kann. Hierfür wickeln Sie es in Alufolie ein.

Garzeiten und Hilfsmittel

Die Bratzeiten für Steaks lassen sich nicht generell angeben, zu viele Faktoren spielen hierbei eine Rolle: z.B. Gewicht, Reifezeit, Dicke und Brathitze.

Bezeichnungen der Garstufen (für Rind) in verschiedenen Sprachen:

Garstufe	Deutsch	Englisch	Französisch
roh	*roh*	*raw*	*cru*
fast roh	*blau*	*blue rare, very rare*	*bleu*
Kern roh	*blutig*	*rare*	*saignant*
innerer Kern roh	*englisch*	*medium rare*	—
halb durchgebraten	*rosa*	*medium*	*anglaise, à point*
fast durchgebraten	*halbrosa*	*medium well*	*demi-anglais*
durchgebraten	*durch(gebraten)*	*well done*	*bien cuit*

(aus www.wikipedia.org)

Als grobe Faustregel gilt (bei einem Rinder-Steak von 3 cm Dicke und 220 g Gewicht):

1-2 Minuten Bratzeit je Seite = rare

3 Minuten Bratzeit je Seite = medium

4,5 Minuten Bratzeit je Seite = well done

Fortgeschrittene Steakfans ermitteln die Garstufe mit dem sogenannten Handballentest. Hierbei wird auf das Fleisch gedrückt und es sollte sich anfühlen wie ein entsprechender Druck auf den Daumenballen, wenn Zeigefinger, Mittelfinger, Ringfinger oder Kleiner Finger mit dem Daumen zusammengeführt werden.

		Innentemperatur	Gargrad
Zeigefinger	*Fühlt sich sehr weich an*	*ca. 50 °C*	*rare*
Mittelfinger	*Gibt noch stark nach*	*ca. 53 °C*	*medium rare*
Ringfinger	*Gibt nur noch wenig nach*	*ca. 55 °C*	*medium*
Kleiner Finger	*Hart, gibt nicht mehr nach*	*> 60 °C*	*well done*

Um den Gargrad genauer festzustellen, kann man sich auch einiger Hilfsmittel bedienen.

Kerntemperaturmesser mit Temperaturanzeige:

Kerntemperatur ca. 50 °C = rare

Kerntemperatur ca. 55 °C = medium

Kerntemperatur > 60 °C = well done

Achten Sie schon beim Kauf darauf, dass der Kerntemperaturmesser für Pfanne und Grill geeignet ist.

Spezielle Variante für Grillsteaks: Die Grillzange mit Kerntemperaturanzeige.

Kerntemperaturmesser speziell für Steaks:
Ein Modell für jede Garstufe.

SteakChamp – die Hightech Variante für Pfanne und Grill

Mit dem SteakChamp gelingt Ihr Steak auf den Punkt genau. Die Anwendung ist einfach und der SteakChamp zeigt sogar die Dauer der Ruhephase an. Nachteil: Sie müssen sich schon beim Kauf entscheiden, welche Garstufe Sie bevorzugen, denn das Thermometer ist jeweils auf eine Garstufe geeicht.

Steak Master App

Auch so kann es funktionieren – mit dem Smartphone am Herd:

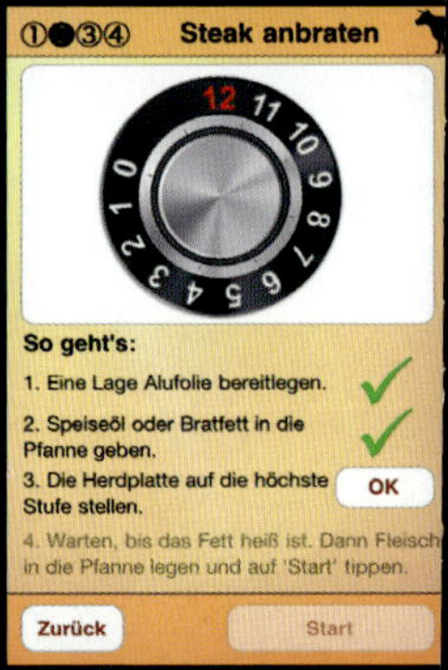

So, gebraten und entspannt geht es jetzt auf vorgewärmte Teller. Nur noch das richtige Besteck – tun Sie sich den Gefallen und investieren Sie in ordentliche Steakmesser – und dem Genuss eines perfekten Steaks steht nichts mehr im Wege. Würzen können Sie bei Tisch.

Rinderfiletsteak pur

Zutaten

- 4 Filetsteaks (je 3 cm dick)
- Butterschmalz
- Salz und Pfeffer aus der Mühle

Zubereitung

Die Steaks mit der Hand flach drücken und anschließend wieder in Form bringen.

Butterschmalz in einer Pfanne erhitzen. Die Steaks von jeder Seite scharf anbraten und bei geringerer Hitzezufuhr weitere 2 Minuten auf jeder Seite braten. Aus der Pfanne nehmen und in Alufolie wickeln. Einige Minuten ruhen lassen.

Auf vorgewärmten Tellern anrichten und mit Salz und Pfeffer aus der Mühle würzen.

Hüftsteak
mit Parmesankartoffeln

Zutaten

- » 4 Hüftsteaks
- » Öl zum Braten (hocherhitzbar)
- » 800 g Kartoffeln
- » 100-150 g Parmesan am Stück
- » Salz und Pfeffer aus der Mühle

Zubereitung

Die Kartoffeln gut waschen und 20 Minuten in Salzwasser kochen. Etwas abkühlen lassen und längs einschneiden.

Den Parmesan in Scheiben schneiden und in die Kartoffelschlitze stecken. Bei 200 °C im Backofen 10 bis 15 Minuten backen.

Das Öl in einer Pfanne erhitzen und die Steaks von jeder Seite 1 Minute scharf anbraten, Hitze reduzieren und von jeder Seite weitere 2 Minuten braten. In Alufolie wickeln und einige Minuten ruhen lassen.

Steaks und Kartoffeln auf Tellern anrichten und beides mit Pfeffer und Salz aus der Mühle würzen.

Rumpsteak
vom heißen Stein mit Sesam-Dip

Zubereitung

Den Stein im Backofen 1 Stunde bei 250 °C vorheizen.

Für den Dip alle Zutaten miteinander verrühren und nach Geschmack mit Sambal Oelek abschmecken.

Die Steaks auf dem mit Öl bepinselten heißen Stein von jeder Seite einige Sekunden anbraten.

Jetzt kleine Scheibchen davon abschneiden und diese weiter garen, bis der gewünschte Gargrad erreicht ist.

Zutaten

» 4 Rumpsteaks, (je 5 cm dick)

» Öl zum Braten (hocherhitzbar)

Dip

» 1 EL Soja-Soße

» 2 EL Tomatenmark

» 4 EL Sesamöl

» 2 EL Honig

» 1 Schuss Weißweinessig

» Sambal Oelek nach Geschmack

T-Bone-Steak vom Reh
mit Rosmarinkartöffelchen

Zutaten

- » 1 Rehrücken mit ganzen Rippenbögen
- » 4 EL Öl
- » 800 g Kartoffeln (Drillinge/Bratlinge)
- » Salz
- » 2 Zweige Rosmarin (die Nadeln davon, fein gehackt)
- » Olivenöl
- » Evtl. Meersalz

Zubereitung

Den Backofen auf 200 °C vorheizen.

Den Rehrücken mit den Rippenbögen nach oben legen und mit einem scharfen Messer (am besten Ausbeiner) entlang der Rippen bis zum Rückgrat einschneiden und dann die Wirbel vorsichtig rundherum lösen. Das Fleisch säuberlich von den Rippenbögen abschaben.

In heißem Fett von jeder Seite 3 Minuten kräftig braten. In Alufolie wickeln und kurz ruhen lassen.

Die Kartoffeln gründlich waschen, trocknen und anschließend quer halbieren. In einer Auflaufform mit Rosmarin, Salz und soviel Olivenöl vermischen, dass an allen Kartoffeln Öl haftet.

In den Backofen geben und 35 bis 40 Minuten garen, zwischendurch mehrmals vorsichtig umrühren. Nach Geschmack vor dem Servieren mit Meersalz würzen.

Hirschmedaillons
mit fermentierten Bohnen

Zutaten

» 800g Hirschmedaillons (je 3 cm dick)
» Butterschmalz
» 1 Beutel Saure Bohnen (Rheinische Schneidebohnen)
» 750 g Kartoffeln
» 150 g Rauchfleisch, klein gewürfelt
» 2 Zwiebeln, gewürfelt
» etwas Milch, erwärmt
» etwas Butter
» Salz
» Pfeffer
» Muskat

Zubereitung

Die Bohnen in ein Sieb geben und kurz abbrausen.

Die Kartoffeln waschen, schälen, in Stücke schneiden und in Salzwasser garen.

Die Rauchfleischwürfel in einer Pfanne auslassen und die Zwiebeln in diesem Fett dünsten.

Die Medaillons in heißem Butterschmalz von jeder Seite 1½-2 Minuten scharf anbraten. Die Pfanne von der Platte ziehen, die Medaillons in Alufolie wickeln und für 10 Minuten in die noch warme Pfanne zurücklegen. Die Medaillons erst kurz vor dem Servieren salzen und pfeffern.

Die abgetropften Bohnen mit etwas Butter in einem Topf erhitzen.

Die Kartoffeln grob zerstampfen, Butter, Milch und die Zwiebel-Rauchfleisch-Mischung mit einem Holzlöffel unterrühren, mit Salz, Pfeffer und Muskat abschmecken.

Die Bohnen unter die Kartoffeln mischen und alles zusammen mit den Medaillons auf Tellern anrichten.

Pferdesteaks
mit Paprikagemüse

Zubereitung

Den Backofen auf 100 °C vorheizen.

Die Steaks salzen und pfeffern. Das Öl in der Pfanne richtig heiß werden lassen und die Steaks darin von jeder Seite anbraten. In Alufolie wickeln und 8 bis 10 Minuten im Backofen ziehen lassen.

Das Olivenöl erhitzen, Paprika und Rosmarin darin 10 Minuten dünsten. Knoblauch ebenfalls dazugeben, kurz mitdünsten und alles mit Salz, Pfeffer und Honig abschmecken.

Die Steaks auf dem Paprikagemüse anrichten.

Zutaten

» 4 Pferdesteaks (je ca. 200 g)

» Öl zum Braten (hocherhitzbar)
6 Paprikaschoten (bunt), in Stücke geschnitten

» 3 Zehen Knoblauch, gepresst

» 1 EL Rosmarinnadeln, fein gehackt

» Honig

» Salz

» Pfeffer

» Olivenöl

Rib-Eye-Steak
mit Ofenkartoffeln und Sour Cream

Zutaten

- » 4 Rib-Eye-Steaks (3 cm dick)
- » Butterschmalz
- » 4 gr. Kartoffeln
- » 4 Zweige Rosmarin
- » 4 Zweige Thymian
- » Olivenöl
- » Salz
- » Pfeffer

Sour Cream

- » 250 g Magerquark
- » 250 g Schmand
- » 150 g saure Sahne
- » 2 Zehen Knoblauch, gepresst
- » 1 Bund Schnittlauch, geschnitten

Zubereitung

Den Backofen auf 200 °C vorheizen.

Die Kartoffeln gründlich waschen, anschließend abtrocknen. Jeweils ein Stück Alufolie mit etwas Olivenöl bestreichen, eine Kartoffel mit je einem Zweig Thymian und Rosmarin darin einwickeln. In den vorgeheizten Ofen geben und 50 bis 60 Minuten garen (Garprobe mit einem Holzstäbchen machen).

Die Zutaten für die Sour Cream miteinander verrühren und mit Salz und Pfeffer abschmecken.

Wenn die Kartoffeln fertig sind, aus dem Ofen holen und die Temperatur des Ofens auf 100 °C reduzieren.

Jetzt die Steaks in heißem Butterschmalz von jeder Seite 1½ bis 2 Minuten scharf anbraten. In Alufolie wickeln und 8 bis 10 Minuten im Ofen nachziehen lassen.

Die Steaks auf Tellern anrichten, jetzt erst etwas salzen und pfeffern. Die Kartoffeln mit der Folie dazu anrichten, die Folie oben etwas öffnen, die Kartoffel der Länge nach aufschneiden und die Sour Cream darüber verteilen.

Straußensteaks
mit Knoblauchspaghetti

Zutaten

- » 4 Straußensteaks, (ca. 3 cm dick)
- » Öl zum Braten (hocherhitzbar)
- » 1 Pk. schwarze Spaghetti (250g)
- » 5 EL Olivenöl
- » 4 Zehen Knoblauch, gepresst
- » Salz
- » Pfeffer

Zubereitung

Den Backofen auf 100 °C vorheizen.

Die Spaghetti nach Packungsangabe zubereiten.

In der Zwischenzeit die Steaks waschen, trocken tupfen und mit Salz und Pfeffer würzen.

Öl in der Pfanne richtig heiß werden lassen und die Steaks von jeder Seite ca. 1 Minute anbraten. In Alufolie wickeln und im Backofen 10 Minuten ziehen lassen.

Olivenöl erhitzen und den Knoblauch darin andünsten. Die Spaghetti dazugeben, kurz mitschwenken und eventuell mit Salz abschmecken.

Die Steaks in Tranchen schneiden und auf den Spaghettis anrichten.

Kobe-Steak auf Kartoffelstroh mit glasierten Frühlingszwiebeln

Zutaten

» 4 Kobesteaks (je 250 g)
» Öl zum Braten (hocherhitzbar)
» Pfeffer, frisch gemahlen
» 4 mittelgroße Kartoffeln
» 400g Frühlingszwiebeln
» 50 ml Weißwein
» 50 g Zucker
» 25 g Butter
» 1 Schuss Wasser
» Salz
» Pfeffer

Zubereitung

Den Backofen auf 80 °C vorheizen und die Fritteuse aufheizen.

Die Frühlingszwiebeln putzen, waschen und in kochendem Salzwasser 2 Minuten blanchieren. Danach sofort in Eiswasser abschrecken und abtropfen lassen.

Dann die Kartoffeln waschen, schälen und in Julienne schneiden.

Den Zucker in einer Pfanne goldgelb karamellisieren. Vorsichtig mit einem Schuss Wasser ablöschen (Achtung: heiß!), den Wein dazugießen und den Zucker wieder loskochen. Die Flüssigkeit reduzieren lassen und die Frühlingszwiebeln kurz darin erwärmen. Mit Salz und Pfeffer abschmecken, das Gemüse kurz warm stellen.

Die Steaks pfeffern und in dem richtig heißen Öl von jeder Seite 1½ bis 2 Minuten anbraten. In Alufolie wickeln und im Backofen 5 bis 8 Minuten (nach Gusto auch länger) ziehen lassen.

Das Kartoffelstroh entsteht durch portionsweises Frittieren der Kartoffeljulienne. Dieses auf den Teller geben, ein Steak daraufsetzen und die Frühlingszwiebeln daneben anrichten.

Iberico Filet
mit Tomatenkartoffeln

Zubereitung

Den Backofen auf 120 °C vorheizen.

Die Kartoffeln waschen, schälen und in Stücke schneiden. Die Tomaten schälen (hierfür über Kreuz einschneiden, in kochendem Wasser kurz blanchieren und sofort in Eiswasser abschrecken), das Innere entfernen und das Fruchtfleisch in Stücke schneiden.

Die Zwiebel schälen und in Würfel schneiden. Etwas Olivenöl in einem Topf erhitzen. Zuerst die Zwiebeln andünsten. Den Knoblauch dazugeben und kurz mitdünsten. Jetzt Tomatenstücke und Rosmarin dazugeben, mit Salz, Pfeffer und Zucker abschmecken und alles bei milder Hitze 5 Minuten köcheln lassen.

Nun die Kartoffeln und die Brühe mit in den Topf geben und alles weitere 25 Minuten garen (bis die Kartoffeln weich sind und die Soße etwas eingedickt ist). Eventuell erneut abschmecken.

In der Zwischenzeit die Filets salzen, pfeffern und in heißem Öl von beiden Seiten ordentlich anbraten (8 bis 10 Minuten). Das Fleisch aus der Pfanne nehmen, in Alufolie wickeln und im Ofen 10 Minuten ziehen lassen.

Das Gemüse auf einen Teller geben und mit Manchego bestreuen. Das Filet in Tranchen darauf anrichten.

Zutaten

- 2 Filets vom Iberico Schwein
- Öl zum Braten (hocherhitzbar)
- 600 g Kartoffeln
- 600 g Tomaten
- 150 ml Brühe
- 1 Zwiebel
- 2 Zehen Knoblauch, gepresst
- Salz
- Pfeffer
- 2 Zweige Rosmarin, (die Nadeln davon, gehackt)
- 1 Prise Zucker
- Olivenöl
- etwas Manchego, gerieben

Bisonsteak
mit Sauce Béarnaise

Zutaten

- 4 Bisonsteaks (je 250 g)
- Butterschmalz

Sauce Béarnaise

- 250 g Butter
- 3 Eigelb
- 4 Zweige Estragon
- 1 Bund Kerbel
- Salz
- Pfeffer
- 100 ml Weißwein
- 50 ml Estragonessig
- 2 Schalotten, fein gewürfelt
- 6 Pfefferkörner, zerdrückt

Zubereitung

Den Backofen auf 90 °C vorheizen.

Die Butter in einem Topf erhitzen, den Schaum abschöpfen, etwas abkühlen lassen und die klare Butter vorsichtig abgießen, sodass die Molke im Topf bleibt.

Die Kräuter waschen und trocken tupfen. Die Blätter von den Stielen zupfen und fein hacken. Die Stiele mit Wein, Essig, Schalotten und Pfefferkörnern aufkochen und um ein Drittel reduzieren, etwas abkühlen lassen.

Eigelb mit dem gesiebten Sud über einem Wasserbad dickschaumig aufschlagen. Jetzt die Butter einrühren, erst tröpfchenweise, dann langsam fließend. Es soll eine sämige Soße entstehen. Die fein gehackten Kräuter unter die Soße rühren und mit Salz und Pfeffer abschmecken.

Bis zum Servieren warm stellen (nicht zu lange & die Soße nicht mehr aufwärmen).

Butterschmalz in der Pfanne ordentlich erhitzen. Die Steaks von jeder Seite 1 bis 2 Minuten anbraten. Aus der Pfanne nehmen, in Alufolie wickeln und im Ofen 8 Minuten ruhen lassen. Die Steaks erst nach dem Garen mit Salz und Pfeffer würzen und mit der Sauce Béarnaise servieren.

Kudu-Steak

mit Bohnenbündchen und Stampfkartoffeln

Zutaten

- 4 Kudu-Steaks (je 250 g)
- Butterschmalz
- 500 g frische Prinzessbohnen
- 12 Scheiben Bacon
- 1 EL Bohnenkraut
- 800 g Kartoffeln
- 2 gr. Zwiebeln, gewürfelt
- 25 g Butter
- 125 ml Mich, erwärmt
- Salz
- Pfeffer
- Muskat

Zubereitung

Die Bohnen putzen (Enden oben und unten abschneiden, eventuell die Fäden abziehen).

Wasser mit Salz und Bohnenkraut zum Kochen bringen, die Bohnen darin bissfest garen (6 bis 8 Minuten). Danach sofort in Eiswasser abschrecken.

Die Kartoffeln waschen, schälen, in Stücke schneiden und erneut waschen. In Salzwasser gar kochen.

In der Zwischenzeit die Zwiebelwürfel in heißem Butterschmalz rösten, entfetten und beiseitestellen.

Den Backofen auf 90 °C vorheizen.

Jetzt immer einige Bohnen in eine Scheibe Bacon wickeln und in einer Pfanne braten, bis der Speck schön kross ist.

Die Kartoffeln grob zerstampfen, mit einem Holzlöffel Butter, Milch und Zwiebeln unterrühren und alles mit Salz, Pfeffer und Muskat abschmecken.

Die Steaks in heißem Butterschmalz 1½ Minuten von jeder Seite anbraten, in Alufolie wickeln und im Backofen 5 bis 8 Minuten ruhen lassen. Danach mit den Stampfkartoffeln und Bohnenbündchen servieren.

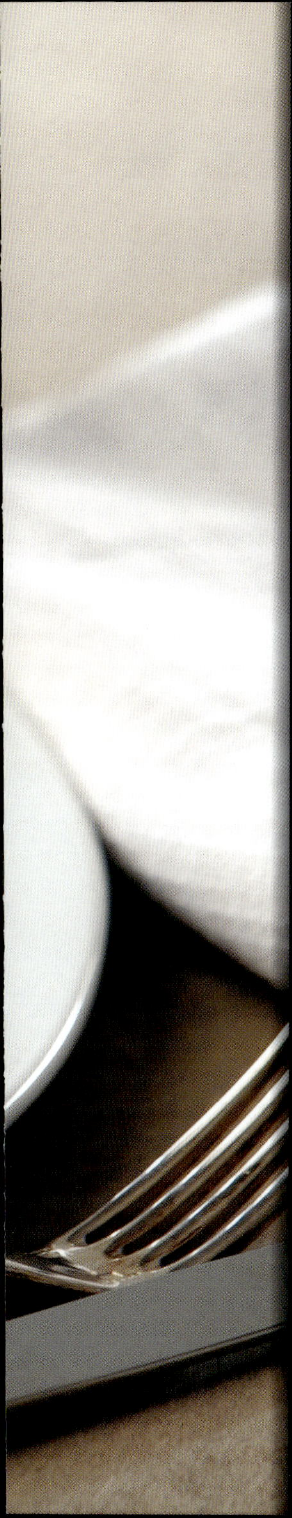

Tournedos
mit Sherrysoße

Zutaten

- 4 Tournedos, gut abgehangen
- Küchengarn
- 1 EL Butterschmalz
- 100 ml Sherry
- 100 ml Sahne
- 100 ml Rinderfond
- Salz
- Pfeffer

Zubereitung

Die Tournedos mit Küchengarn fixieren, sodass sie schön rund und hoch sind.

Butterschmalz in einer Pfanne erhitzen und das Fleisch von beiden Seiten scharf anbraten (jede Seite 2 Minuten). Danach aus der Pfanne nehmen, sofort in Alufolie und Handtuch wickeln und beiseitestellen.

Den Bratensatz mit Rinderfond lösen, anschließend Sahne dazugeben und etwa um die Hälfte (oder ein wenig mehr) reduzieren lassen, mit Sherry, Salz und Pfeffer abschmecken.

Die Tournedos von der Schnur befreien und mit der Soße servieren. Als Beilage ist Kartoffelgratin zu empfehlen.

Barbarie-Entenbrust
mit Orangenfilets und Kresse

Zutaten

- 4 Entenbrustfilets (Barbarie-Ente)
- 2 Orangen, die Filets und den Saft davon
- 200 ml Geflügelfond
- 1 EL Aprikosenkonfitüre
- ½ -1 EL Honig
- ½ -1 TL Senfpulver
- 25 g Butter
- Pfeffer (bunt), geschrotet
- Pfeffer, gemahlen
- Salz
- etwas Stärke, in kaltem Wasser glatt gerührt
- 1 Schälchen Kresse

Zubereitung

Den Backofen auf 200 °C vorheizen.

Die Entenbrüste waschen, trocken tupfen und die Hautseite mit einem scharfen Messer rautenförmig einschneiden (nicht zu tief – das Fleisch darf nicht verletzt werden).

Eine Pfanne (ohne Fett) erhitzen und die Entenbrust mit der Hautseite nach unten 5 Minuten anbraten, anschließend wenden und auf der Fleischseite 2 bis 3 Minuten braten. Jetzt erst von beiden Seiten würzen, auf ein Blech legen (mit der Hautseite nach oben) und im Backofen weitere 8 bis 10 Minuten garen. Danach sofort in Alufolie wickeln und 5 Minuten ruhen lassen.

Die Butter zu dem Bratensaft in die Pfanne geben und mit dem Orangensaft und dem Fond ablöschen. Honig, Konfitüre und Senfpulver einrühren, kurz aufkochen, mit Salz und geschrotetem Pfeffer abschmecken und mit Stärke zur gewünschten Konsistenz abbinden. Zum Schluss die Orangenfilets in die Soße geben.

Die fertige Entenbrust in Tranchen scheiden und auf 4 Tellern anrichten, mit der Soße übergießen und mit Kresse bestreuen.

Servieren Sie hierzu einen feinen Duftreis.

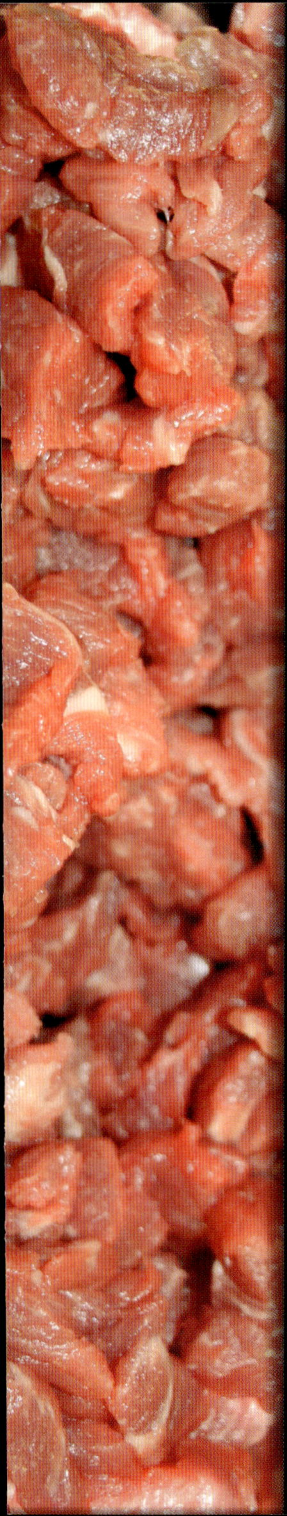

Schweinemett & Tatar

„Gehacktes Schweinefleisch ohne Speck" – das ist die Bedeutung von Mett aus dem Niederdeutschen, regional auch bekannt als Gewiegtes, Gehacktes oder Hackepeter.

Schweinemett darf in Deutschland höchstens einen Fettanteil von 35% haben. Bei der Verarbeitung wird das halbgefrorene Fleisch gewolft oder gekuttert und darf hierbei 2 °C niemals überschreiten – die Zugabe von Eis ist verboten, deshalb muss das Schweinefleisch zügig verarbeitet werden. Das bedeutet auch, dass Mett oder rohes Hackfleisch nur an dem Tag verkauft werden darf, an dem es hergestellt wurde.

Der Name Tatar geht auf die Tataren zurück – sie sollen rohe Fleischstücke unter ihre Sättel gelegt, mürbe geritten und anschließend roh verzehrt haben. Bekannt sind auch die Bezeichnungen „Beefsteak tatare" oder „filet american".

Wenn Sie original zubereitetes Tatar genießen möchten, so schaben Sie Ihr Fleisch selbst. Kaufen Sie hierfür entweder Rinderfilet oder, etwas preisgünstiger, ein Stück aus der Oberschale. Auch hier gilt, die Kühlkette darf nicht unterbrochen werden und das Tatar muss nach der Zubereitung sofort frisch gegessen werden.

Bei Mett/Tatar ist zu beachten: Da das gehackte Fleisch eine größere, grob strukturiertere Oberfläche als ein Fleischstück hat, können sich Bakterien und Mikroorganismen viel schneller darauf ansiedeln und vermehren.

Tatar vom Rind

Zutaten (für eine Portion)

- 150 g Rinderfilet
- 1 Eigelb (Eierschale aufbewahren)
- 2 Cornichons, fein gewürfelt
- 4 Kapernäpfel, fein gewürfelt
- 1 Schalotte, fein gewürfelt
- Salz
- Pfeffer
- Tabasco
- Worcestersauce

Zubereitung

Das Rinderfilet mit einem wirklich scharfen Messer sehr fein hacken.

Die Fleischmasse einer Kugel formen, diese auf einen Teller geben und eine Mulde in das Fleisch drücken. In diese Mulde das Eigelb in einer Schalenhälfte setzen.

Die anderen Zutaten um das Fleisch herum anrichten – mit den Gewürzen (zum Selberwürzen) servieren.

Ein bisschen Cognac macht sich auch sehr gut in diesem Tatar.

Thunfischtatar

Zubereitung

Den Thunfisch sehr fein würfeln (ca. 0,5 cm),

Koriander waschen, trocken tupfen, Blätter abzupfen und fein schneiden.

Mango schälen und ebenfalls in kleine Würfel schneiden.

Thunfisch, Mango und Koriander miteinander vermischen, Limettensaft und Teriyaki-Soße dazugeben und mit Salz und Zitronenpfeffer abschmecken.

Zutaten

- 300 g Thunfischfilet (frisch – Sushi-Qualität)
- ¼ Bund Koriander
- ½ Mango
- 1 Limette (den Saft davon)
- 2-3 EL Teriyaki-Soße
- Salz
- Zitronenpfeffer

Lachstatar

Zutaten

- 300 g Lachsfilet (ohne Haut, frisch – Sushi-Qualität)
- 2 kleine Stangen Lauchzwiebeln, fein geschnitten
- 2 kleine Schalotten, fein gewürfelt
- 1 Limette (Saft & Abrieb)
- ½ Bund Dill, fein gehackt
- Salz
- Pfeffer, frisch gemahlen
- etwas Rohrzucker

Zubereitung

Den Lachs in feine Würfel schneiden (ca. 0,5 cm). M
den restlichen Zutaten vermengen und mit Salz und
Pfeffer abschmecken.

Mit Reibekuchen und Crème fraîche servieren.

Schweinemett

Nehmen Sie kein Fleisch aus der Theke, sondern lassen Sie es sich frisch durchdrehen. Gekühlt transportieren!

Zubereitung

Hackfleisch und Zwiebelwürfel miteinander vermengen, abschmecken – fertig! Und ab auf's Brot!

Zutaten

» 500 g Schweinehackfleisch

» 2 Zwiebeln, fein gewürfelt

» Salz

» Pfeffer

» Muskat

Schweinemett mediterran

Zutaten

- 400 g Schweine-hackfleisch, frisch durchgelassen
- 50 g schwarze Oliven, klein gewürfelt
- 50 g grüne Oliven, klein gewürfelt
- 50 g getrocknete Tomaten in Öl, fein gewürfelt
- 2 Zehen Knoblauch, gepresst
- Meersalz
- ¼ Bund Basilikum, (die Blätter davon, geschnitten)

Zubereitung

Hackfleisch, Oliven, Tomaten und Knoblauch gut miteinander vermengen.

Mit Meersalz abschmecken und vor dem Servieren mit Basilikum bestreuen.

Hierzu passt hervorragend Ciabatta und ein Glas trockener Rotwein.

Noch viel mehr Mett
– für eine komplette Mannschaft

Zutaten

- 1,5 kg Schweinehackfleisch, frisch durchgelassen
- 2 Bund Radieschen
- 1 kleiner Rettich
- 1 Bund Schnittlauch
- Salz
- Pfeffer
- 100 ml Pils

Zubereitung

Radieschen waschen und in Würfel schneiden.

Rettich schälen, reiben und mit etwas Salz in einer Schüssel ziehen lassen. Schnittlauch waschen und klein schneiden.

Den Rettich ausdrücken und mit den restlichen Zutaten vermengen. Alles mit Salz und Pfeffer abschmecken.

Servieren Sie zu diesem Mett Laugengebäck.

Carpaccio

Weit verbreitet ist die Version, dass Carpaccio von Giuseppe Cipriani, dem Inhaber von Harry's Bar in Venedig, erfunden wurde.

Einer guten Stammkundin, Contessa Amalia Nani Mocengo, war der Verzehr von gekochtem Fleisch von ihrem Arzt verboten worden. So ließ sich Cipriani zu dem Rezept aus rohem Fleisch inspirieren.

Wegen der roten Farbe nannte er das Gericht Carpaccio, nach dem berühmten Maler Vittore Carpaccio, dessen Bilder für seine leuchtenden Rottöne bekannt waren und dem 1950 eine Ausstellung in Venedig gewidmet war. Cipriani servierte zu dem Carpaccio seine Standardsoße – Mayonnaise mit Zitronensaft, Worcestersauce, Pfeffer, Salz und Milch.

Tatsächlich wurde im Aostatal allerdings schon viel früher rohes Rindfleisch in dünne Scheiben geschnitten und von den dort ansässigen Bauern genossen.

Heutzutage wird Carpaccio seltener mit der „Originalsoße" serviert, sondern vielmehr mit einer Vinaigrette aus Olivenöl und Zitronensaft und zum Verfeinern dünn mit Parmesan- oder Trüffelspänen bestreut.

Der Begriff Carpaccio wird mittlerweile als Synonym für alle Arten von Speisen verwendet, die sehr dünn aufgeschnitten und mariniert werden, wie zum Beispiel Fisch, Wild, Obst und Gemüse.

Carpaccio vom Hirschfilet

Zutaten

- 300 g Hirschfilet
- 50 g Trockenpflaumen, fein gehackt
- 150 ml Balsamico
- 2 EL Rübensirup
- 50 g Blauschimmelkäse, fein gerieben
- Zimt
- Pfeffer aus der Mühle
- Meersalz

Zubereitung

Das Hirschfilet in Folie wickeln und im Tiefkühler anfrieren, damit es sich anschließend besser schneiden lässt.

Die Pflaumen mit dem Balsamico und dem Rübensirup köcheln lassen, bis sich die Flüssigkeit auf die Hälfte reduziert hat – den Sud abkühlen lassen.

Das Fleisch hauchdünn aufschneiden und auf Tellern anrichten. Mit Zimt bestäuben, pfeffern und salzen, die Pflaumensoße darüber träufeln und mit Käse bestreuen.

Carpaccio von der Gänsebrust

Zutaten

- 300 g Gänsebrust, geräuchert
- 4 EL Olivenöl
- 2 EL heller Balsamico
- 2 Zweige Majoran, (die Blätter davon)
- 100 g Haselnüsse, gehackt
- Pfeffer aus der Mühle
- Meersalz

Zubereitung

Nach Geschmack die Fettschicht von der Gänsebrust entfernen. Das Fleisch in Folie wickeln und anfrieren.

Die Haselnüsse in einer Pfanne ohne Fett kurz anrösten und anschließend abkühlen lassen.

Die Majoranblätter fein hacken und mit Öl, Essig, Pfeffer und Salz zu einer Vinaigrette verrühren.

Die Gänsebrust hauchdünn aufschneiden und auf Tellern anrichten. Mit der Vinaigrette beträufeln und die gehackten Haselnüsse darüber streuen.

Carpaccio vom Rinderfilet

Zutaten

- » 300 g Rinderfilet
- » 2 Limetten (den Saft davon)
- » 4 EL Olivenöl
- » Meersalz
- » Pfeffer aus der Mühle
- » 100 g Pinienkerne
- » 1 Schale Rucola
- » Parmesan am Stück

Zubereitung

Das Rinderfilet in Folie wickeln und etwas anfrieren lassen.

Den Rucola waschen und vorsichtig trocken tupfen.

Die Pinienkerne in einer Pfanne ohne Fett kurz anrösten und anschließend abkühlen lassen.

4 Teller bereitstellen und diese mit etwas Olivenöl einpinseln. Das Filet hauchdünn aufschneiden und auf die vorbereiteten Teller verteilen. Darüber den Rucola geben und alles mit Limettensaft und Olivenöl beträufeln.

Mit Meersalz und Pfeffer würzen, die Pinienkerne darüber streuen und zum Schluss über jede Portion etwas Parmesan hobeln.

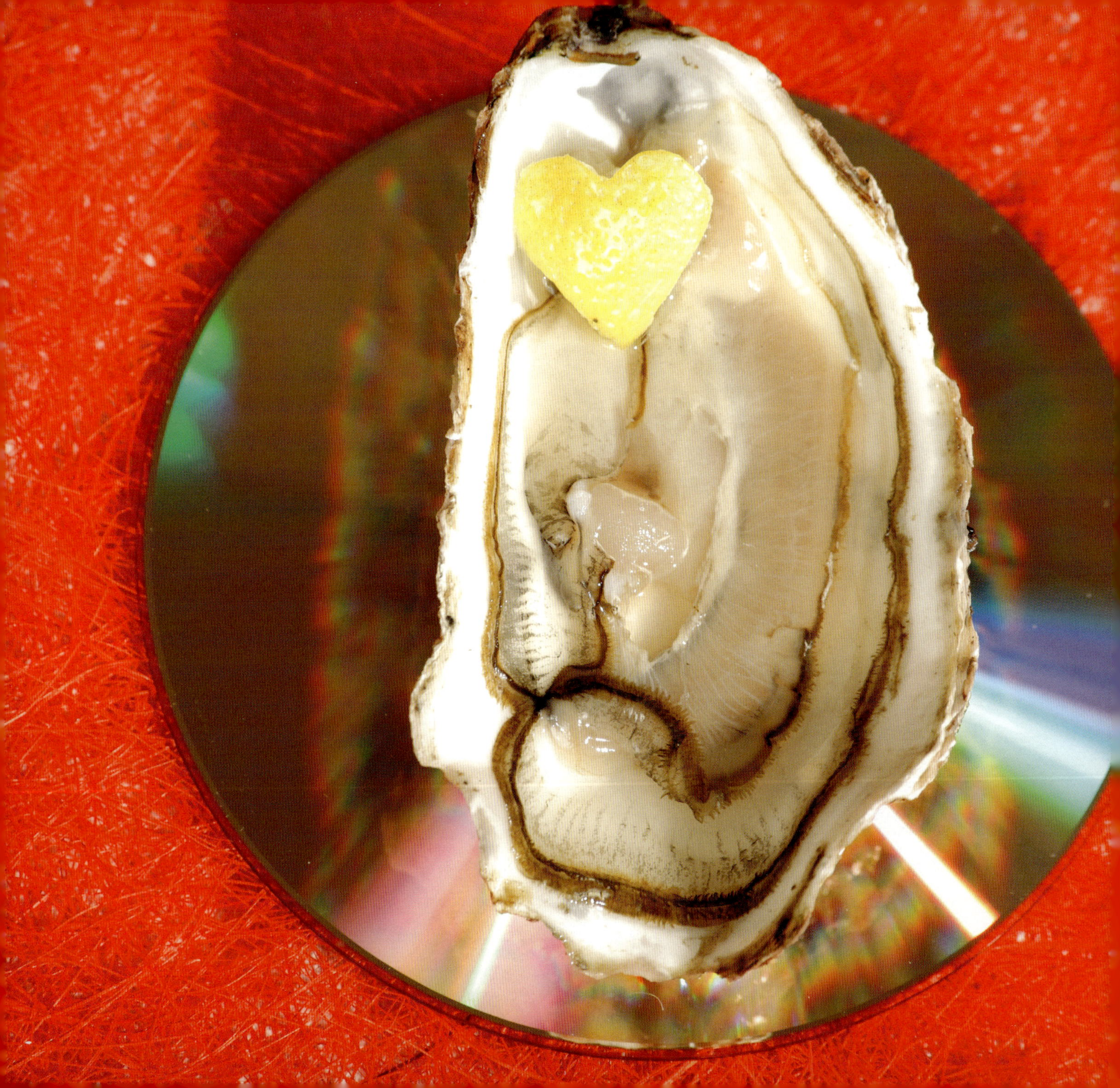

Austern

Zutaten

» 24 Austern

Variante 1

» Zitronenspalten

Variante 2

» 1 EL Olivenöl

» 50 ml Tomatensaft

» Cayennepfeffer

Variante 3

» 5 Schalotten, sehr fein gewürfelt

» Sherryessig

» Pfeffer aus der Mühle

Eine flache Schale mit zerstoßenem Eis füllen.

Die Austern öffnen und mit einem Pinsel eventuelle Schalenreste entfernen. Das Fleisch mit einem scharfen Messer von der Schale lösen und die Austern in der Schale auf dem Eis servieren.

Zubereitung

Für Variante 1: Mit Zitronenspalten ohne Kerne servieren.

Für Variante 2: Öl und Tomatensaft miteinander verrühren und mit Cayennepfeffer abschmecken – die Soße separat servieren, damit sich jeder Gast nach Geschmack bedienen kann.

Für Variante 3: Schalottenwürfel, Sherryessig und Pfeffermühle bereitstellen, so kann sich jeder nach Geschmack davon bedienen. In der Regel werden einige Schalottenwürfel über die Auster gegeben, mit Sherryessig beträufelt und mit frisch gemahlenem Pfeffer gewürzt.

Reichen Sie hierzu frisches Baguette oder Weißbrot.

Grundrezept Sushi-Reis

Zutaten

- » 300 g Sushi-Reis
- » 330 ml Wasser
- » 4 EL Reisessig
- » 2 EL Zucker
- » ½ TL Salz

Zubereitung

Den Reis in ein Sieb schütten und so lange unter fließendem Wasser waschen, bis das abfließende Wasser klar ist.

Den Reis mit dem Wasser in einem Topf aufsetzen und aufkochen lassen. Hitze sofort reduzieren und den Reis weitere 10 Minuten (bei geschlossenem Deckel) sanft köcheln. Danach noch 10 Minuten quellen lassen.

Reisessig mit Zucker und Salz in einem Topf erhitzen bis sich der Zucker aufgelöst hat. Die Mischung unter den Reis rühren.

Nigiri Sushi

Zutaten

» 3 EL Reisessig
» 250 ml Wasser
» 400 g Fisch (Lachs, Thunfisch, Red Snapper), zugeschnitten
» Wasabi-Paste

Zubereitung

Reisessig und Wasser vermischen. Die Hände damit anfeuchten und aus dem Sushi-Reis kleine Rechtecke formen. Die Fischstreifen mit etwas Wasabi bestreichen und vorsichtig auf den Reis drücken.

Mit Soja-Soße und eingelegtem Ingwer servieren.

Maki Sushi

Zutaten

» 1 Sushimatte (Bambus)

» 3 Noriblätter

» Essigwasser

» 330 g Sushireis

» etwas Wasabipaste

» 125 g Thunfischfilet, in Streifen geschnitten

» 125 g Lachsfilet, in Streifen geschnitten

» 125 g Krabbenfleisch

Zubereitung

1. Ein Noriblatt (mit der glänzenden Seite nach unten) so auf die Sushimatte legen, dass die Enden miteinander abschließen.

2. Die Finger in Essigwasser tauchen, 110g Reis zu einem Block formen und diesen auf dem Noriblatt verteilen (bis zur Hälfte).

3. Mittig auf dem Reis etwas Wasabipaste verteilen.

4. Darüber nun die Thunfischstreifen legen.

5. Das vordere Ende der Sushimatte anheben und bis zur Mitte hin rollen, bis die Sushirolle fertig zusammengerollt ist. Dabei leichten Druck ausüben.

6. Die Rolle jetzt leicht in Form bringen.

7. Ein Geschirrtuch in Essigwasser tauchen und ein scharfes Messer damit abwischen und die Rollen in Portionen schneiden (vor jedem Schnitt erneut mit dem Tuch abwischen).

Mit den restlichen Zutaten ebenso verfahren, die Sushi dekorativ anrichten und mit Soja-Soße servieren.

Beizen

Wo früher noch das Haltbarmachen im Vordergrund stand, wird heute beim Beizen Wert darauf gelegt, den Geschmack des Beizgutes zu verbessern, durch Aromen zu veredeln und nicht zuletzt zarter zu machen. Der Begriff „beizen" ist heute eher als „marinieren" bekannt.

Durch diese Konservierungsmethode war es früher möglich, frisches Fleisch bis zu 14 Tagen aufzubewahren.

Man unterscheidet zwischen „trockener" und „nasser" Beize. Beim trockenen Beizen wird eine Mischung aus Salz und verschiedenen Gewürzen verwendet, das Beizgut damit eingerieben, um es mürber, sprich zarter zu machen. Schinkenprodukte werden ebenfalls trocken gebeizt bzw. gepökelt, anschließend luftgetrocknet oder geräuchert.

Ein bekanntes Beispiel für das trockene Beizen ist Graved Lachs. Dem Lachs wird hierbei Flüssigkeit entzogen, anschließend wird er abgewaschen, trocken getupft und kann verzehrt werden.

Nasse Beize wird in der Regel Marinade genannt. Recht gerne wird diese Methode für Wild- oder Rindfleisch verwendet. Als bekanntestes Beispiel ist hier der Sauerbraten zu nennen. Beim nassen Beizen kann außer Salz (nur bedingt) und verschiedenen Gewürzen auch klein geschnittenes Gemüse verwendet werden. Zusammen mit säurehaltiger Flüssigkeit (Essigwasser - mit oder ohne Wein) entsteht so eine leckere Marinade, die in das Fleisch eindringt und es so zarter und schmackhafter macht.

Da Wildfleisch heutzutage in der Regel nicht mehr wie früher abgehangen wird, muss es auch nicht unbedingt in Buttermilch eingelegt werden, um eventuellen „Hautgout" zu mindern, aber zur Verfeinerung des Geschmacks kann man es auch heute noch marinieren.

Gebeiztes Schweinefilet

Zutaten

- 1 frisches Schweinefilet
- 1 Zweig Rosmarin, (die Nadeln davon)
- 1 Zweig Salbei, (die Blätter davon)
- 1 Zweig Thymian, (die Blätter davon)
- 1 Zweig Oregano, (die Blätter davon)
- ½ EL Pfefferkörner, frisch geschrotet
- 1 EL Rotweinessig
- 1 EL Pommery-Senf oder Dijon-Senf
- 1 EL Olivenöl
- 1 TL Meersalz
- 1 TL Zucker

Zubereitung

Das Schweinefilet parieren, die Enden etwas einschlagen und das Filet mit etwas Küchengarn in Form binden.

Die Kräuter waschen, vorsichtig trocken tupfen und die Blätter von den Stielen zupfen. Die Blätter fein hacken, mit Öl, Essig, Senf, Pfeffer, Meersalz und Zucker zu einer Paste verarbeiten und das Schweinefilet damit einreiben.

Anschließend fest in Folie wickeln und für 24 Stunden in den Kühlschrank geben. Nach der Hälfte der Zeit das „Päckchen“ wenden.

Vor dem Servieren die Beize abstreifen, Küchengarn entfernen und das Schweinefilet in sehr dünne Scheiben schneiden.

Nach Geschmack mit etwas Meersalz servieren.

Marinertes Kalbsfilet

Zutaten

- 350 g Kalbsfilet, aus dem Mittelstück
- 1 kl. Zweig Rosmarin, (die Nadeln davon, gehackt)
- 3 Knoblauchzehen
- 250 ml Sekt
- 4 EL helle Soja-Soße
- Pfeffer, geschrotet
- Meersalz
- Öl zu Braten (hocherhitzbar)

Zubereitung

Das Fleisch waschen, trocken tupfen und in 1 cm dicke Scheiben schneiden. In heißem Öl von beiden Seiten nur ganz kurz anbraten.

Die Knoblauchzehen schälen und in dünne Scheiben schneiden, in dem Bratfett andünsten, Rosmarin, Sekt und Soja-Soße zugeben und alles zusammen bis kurz vor den Siedepunkt erhitzen. Mit Salz und Pfeffer kräftig abschmecken.

Die Marinade über das Fleisch gießen und über Nacht ziehen lassen.

Graved Lachs

Zutaten (10 Portionen)

» 2 frische Lachsfilets mit Haut
» 5 EL Meersalz
» 3 EL Zucker
» 2 Bund Dill, gehackt
» 1 EL Pfefferkörner, grob zerstoßen
» 1 Bio-Orange, in Scheiben geschnitten

Für den Dip

» 100 g Crème fraîche
» 50 g Frischkäse
» 3 EL flüssiger Honig
» 2 EL mittelscharfer Senf
» 2 EL frischer Dill, gehackt
» 1-2 Spritzer Zitronensaft
» 1 Prise Zucker
» Pfeffer, frisch gemahlen
» Salz

Zubereitung

Den Lachs waschen, trocken tupfen und 1 Filet mit der Hautseite nach unten in eine flache Form legen.

Salz, Pfeffer und Zucker mischen und über den Lachs streuen, anschließend Dill darüberstreuen und mit den Orangenscheiben belegen.

Das zweite Filet ebenfalls mit der Gewürzmischung vorsichtig einreiben und mit der Hautseite nach oben auf das andere Filet legen, mit Frischhaltefolie abdecken, ein Brettchen auf die Folie legen und das Ganze am besten mit Konservendosen beschweren.

Den Lachs 48 bis 72 Stunden im Kühlschrank durchziehen lassen. Zwischendurch mehrmals wenden und dabei immer mit dem entstehenden Sud bestreichen.

Vor dem Servieren den Lachs trocken tupfen, in dünne Tranchen schneiden und dazu einen Senf-Honig-Dip reichen.

Die Zutaten für den Dip gut miteinander verrühren, mit Salz und Pfeffer abschmecken – fertig!

Gebeizter Zander

Zubereitung

Die Zanderfilets waschen und trocken tupfen.

Pfefferkörner, Senfkörner, Koriandersamen und Wacholderbeeren im Mörser zerstoßen. Mit den restlichen Zutaten gut verrühren.

Die Zanderfilets mit der Beize bestreichen und in eine flache Form oder Schüssel legen. Mit Frischhaltefolie abdecken und mit einem Teller oder ähnlichem beschweren. 24 bis 36 Stunden ziehen lassen, zwischendurch die Fischfilets wenden.

Vor dem Servieren in dünne Scheiben schneiden.

Zutaten

» 2 Zanderfilets (küchenfertig, ohne Haut – Hinweis: siehe Seite 11)

» 2 Bund Dill, fein gehackt

» 1 Bund Petersilie, fein gehackt

» 1 TL weiße Pfefferkörner

» ½ TL Senfkörner

» ½ TL Koriandersamen

» 3 Wacholderbeeren

» 40 g Meersalz

» 30 g brauner Zucker

» 5 EL Olivenöl

» Abrieb und Saft von 2 Limetten

Fleisch räuchern und trocknen

Sowohl beim Kalträuchern als auch beim Trocknen handelt es sich um Konservierungsmethoden, bei denen dem Fleisch meist viel Wasser entzogen wird.

Da es aber nicht gegart wird (im Gegensatz zum Heißräuchern), sei auch diesem Verfahren ein Kapitel gewidmet.

Räuchern erfordert einen Räucherofen und Geduld. Da beim Kalträuchern die Temperatur 25 °C nicht übersteigen darf, optimal sind 15 bis 20 °C, eignet sich diese Methode auch nur in der kühleren Jahreszeit.

Das folgende Schinkenrezept ist auf jeden Fall einen Versuch wert.

Sehr einfach in der Herstellung ist dagegen Trockenfleisch. Was Sie hierzu benötigen, sind lediglich Fleisch, Gewürze und Luft.

Früher überlebensnotwendig, ist Trockenfleisch heute als „Beef Jerky“ oder „Biltong“ als gesunder und leckerer Snack bekannt.

Mageres Trockenfleisch ist, luftig gelagert, über Jahre haltbar. Wenn Sie Fleisch (z.B. Ente oder Gans) mit einem höheren Fettanteil verwenden, verkürzt sich die Haltbarkeit.

Beachten Sie, dass die meisten Räume nach den heutigen Energiestandards so gebaut sind, dass sie für das Herstellen von Trockenfleisch nicht geeignet sind! Wenn nachfolgend von Dachböden die Rede ist, sind offene oder luftige Kammern gemeint, wie sie z.B. noch in alten Bauernhäusern zu finden sind.

Echter Schinken

Zubereitung

Das Fleisch intensiv mit dem Salz einreiben und in einem geschlossenem Behältnis 3 bis 4 Tage ziehen lassen. Wasser mit den restlichen Gewürzen aufkochen, erkalten lassen und nach 3 Tagen über das gesalzene Fleisch gießen.

3 Wochen im Sud ziehen lassen, dann herausnehmen und 2 bis 3 Stunden wässern. Anschließend 2 Tage an einem luftigen Ort aufhängen und trocknen lassen.

Das Fleisch in den Räucherofen hängen. Den Glutkasten zur Hälfte mit Buchen-Räuchermehl füllen, an einer Ecke zum Glühen bringen (mit Kohleanzünder oder Gasflamme). Glutkasten schließen.

Diesen Vorgang 7 Tage wiederholen. Dann 3 Tage Pause einlegen. Danach noch weitere 5 bis 6 Tage mit der gleichen Vorgehensweise räuchern.

Tipp: Gewürze wie schwarzer Pfeffer, Thymian, Majoran oder Kümmel unter das Räuchermehl gemischt, ergeben besondere Geschmacksnuancen.

Zutaten

» 10-12 kg Fleisch
» 750 g Salz
» 125 g Kandiszucker
» 5 l Wasser
» 4 Lorbeerblätter
» 10-15 Pfefferkörner
» 8 Nelken
» 40 Wacholderbeeren
» 1 EL Zwiebelgranulat
» 1 EL Knoblauchgranulat
» 1 EL Koriander
» 1 EL Piment, gemahlen

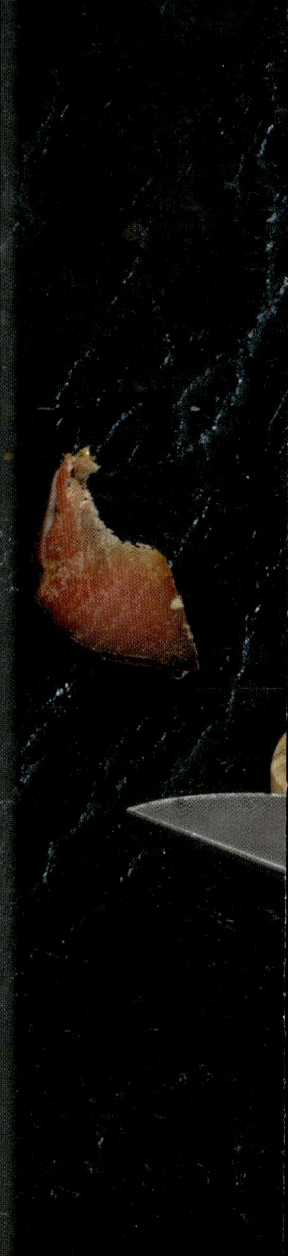

Afrikanisches Biltong

Zutaten

- 2 kg mageres Straußenfleisch
- 10 cl Weinessig
- 4 EL Koriander, grob geschrotet
- 2 EL schwarzer Pfeffer, grob geschrotet
- 1 TL Salz
- 1 TL Rohrzucker

Zubereitung

Das Fleisch (längs der Faser) in 3 bis 4 cm breite Streifen schneiden, darauf achten, dass die Streifen möglichst gleichmäßig sind und so einheitlich trocknen können. Während des Zerschneidens mögliche Fettreste entfernen.

Salz und Zucker im Essig auflösen und die restlichen Gewürze unterrühren. Die Fleischstreifen in einen ausreichend großen Gefrierbeutel packen und die Marinade dazugeben. Den Gefrierbeutel gut verschließen und alles kräftig durchkneten, so zieht die Marinade gut in das Fleisch ein.

Nach 8 bis 48 Stunden das Fleisch aus der Marinade nehmen und trocken tupfen. Die Fleischstreifen an Fleischhaken befestigen und an einem luftigen Ort aufhängen (z.B. Dachboden). Nach 3 Wochen ist das Fleisch durchgetrocknet und so bis zu 2 Jahren haltbar.

Das „steinharte“ Fleisch mit einem Fleischbeil oder mit einer Profischneidenmaschine in ganz dünne Scheiben schneiden.

Getrocknete Entenbrust

Zubereitung

Die überlappenden Fettränder von der Entenbrust abschneiden. Den Boden einer Schüssel mit Meersalz bedecken. Die Entenbrust darauf legen, das restliche Meersalz darüber geben – die Entenbrust muss vollständig mit dem Salz bedeckt sein. Das Ganze mit einem Deckel verschließen und für 12 Stunden in den Kühlschrank stellen.

Danach das Meersalz abwaschen und die Entenbrust trocken tupfen. Ein Baumwolltuch ausbreiten, die Entenbrust mit etwas Kräutern einreiben, auf das Tuch legen und mit den restlichen Kräutern bestreuen. Das Fleisch gut in das Tuch wickeln und im unteren Fach des Kühlschranks 2 Wochen trocknen lassen.

Zum Servieren dünn aufschneiden und z.B. zu einem Feldsalat reichen.

Zutaten

- 1 Entenbrust (Barbarie-Ente)
- 2 EL Kräuter der Provence, getrocknet
- 400 g grobes Meersalz

Getrocknetes Rindfleisch

Zutaten

- 1 kg mageres Rindfleisch (aus der Oberschale)
- 500 g Salz
- ¼ l trockener Rotwein
- 1 Lorbeerblatt
- 2 Nelken
- 4 Pfefferkörner
- 5 Pimentkörner
- 5 Wacholderbeeren

Zubereitung

Das Fleisch kräftig mit dem Salz einreiben, in eine Schüssel (oder kleinen Eimer) geben und mit dem restlichen Salz bestreuen. Die Schüssel mit einem Deckel verschließen und das Ganze an einem kühlen Ort lagern – täglich das Fleisch in der Lake wenden.

Nach 3 Tagen die Gewürze im Mörser grob zerstoßen und mit dem Rotwein in die Lake geben. Weitere 3 Wochen kühl lagern und täglich wenden.

Danach das Fleisch aus der Lake nehmen, das Salz gut abwaschen und das Fleisch für 12 Stunden in klares Wasser legen. Jetzt sorgfältig abtrocknen und in einem Leinen- oder Baumwollbeutel 6 Wochen aufhängen (kühl & luftig).

Zum Servieren dünn aufschneiden – schmeckt lecker zu Salat oder einfach nur mit Brot.

Und als Nachtisch
noch ein Steak ... mit Vanillesoße

Zutaten

- » 4 kleine Filetsteaks (aus dem Endstück, 5 cm dick)
- » 2 Pk. frischer Blätterteig
- » etwas Butterschmalz zum Anbraten
- » 2 Birnen, fein gewürfelt
- » etwas Weißwein, zum Dünsten
- » 100 g Rauchfleisch, fein gewürfelt
- » 1 Eigelb
- » 1 Eiweiß
- » Salz
- » Pfeffer

Zubereitung

Eigelb, Orangensaft und Vanillemark in einem hohen Gefäß mit dem Pürierstab gut aufschlagen. Die flüssige Butter unter ständigem Schlagen langsam dazugießen. Danach mit Salz und Pfeffer abschmecken und vor dem Servieren im Wasserbad warm aufschlagen.

Den Backofen auf 200 °C vorheizen.

Ein Backblech mit Backpapier belegen.

Butterschmalz in der Pfanne richtig heiß werden lassen und die Filetsteaks von jeder Seite höchstens 1 Minute anbraten, aus der Pfanne nehmen, abkühlen lassen.

Das Rauchfleisch in einer Pfanne ohne Fett anbraten, die Birnenwürfel dazugeben, ganz kurz anbraten und mit einem kräftigen Schuss Weißwein ablöschen. Die Flüssigkeit einkochen lassen. Die Mischung aus der Pfanne nehmen.

Den Blätterteig in Rechtecke schneiden, die circa doppelt so groß wie die Steaks sind. Auf jedes Stück ein Steak setzen, etwas salzen und pfeffern und mit der Birnen-Rauchfleisch-Mischung bestreichen. Die Teigränder mit Eiweiß bestreichen und über das Steak klappen – mit Eigelb bepinseln.

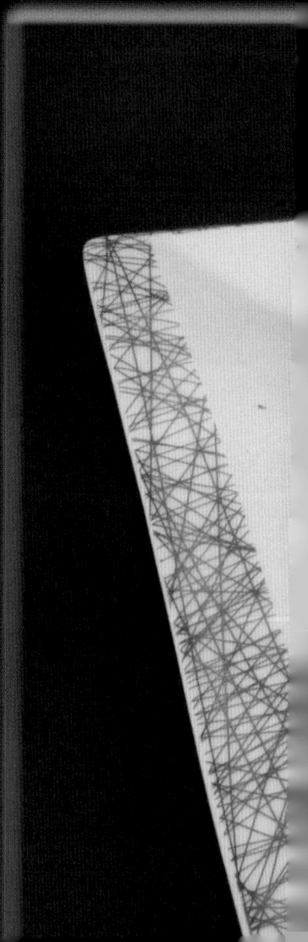

Vanillehollandaise

- 2 frische Eigelb, Zimmertemperatur
- 2 TL Orangensaft
- 125 g Butter, zerlassen
- Salz
- Pfeffer
- Mark einer Vanilleschote

Die Steaks im Backofen bei 200 °C für 15 Minuten backen.

Danach auf einem Dessertteller anrichten und mit der „Vanillesoße“ servieren, kommentarlos warten, bis den Gästen auffällt, dass sie keinen süßen Nachtisch auf dem Teller haben.

Wir achten Lebensmittel!

Es ist eine Maxime unseres Verlags, auch bei Fotoshootings sorgfältig damit umzugehen.

Unsere Kooperationspartner:

www.fackelmann.de

www.steakmaster.de

www.kahlaporzellan.com

www.webomatic.de

www.steak-champ.de

Schaper Trier
Tel: 0651-8258-0
www.ccschaper.de

www.bosfood.de
02132-139-0
service@bosfood.de

Erhältlich über www.amazon.de

www.hengstenberg.de
Tel. 0711-39 29-0
info@hengstenberg.de

Impressum

1. Auflage 2014

ISBN 978-3-7888-1554-7

Verlag J. Neumann-Neudamm AG
Schwalbenweg 1
34212 Melsungen

Tel. 05661.9262-0
Fax 05661.9262-19

info@neumann-neudamm.de
www.neumann-neudamm.de

Printed in Germany

Titel: J. Neumann-Neudamm AG

Satz & Layout: J. Neumann-Neudamm AG

Idee & Text: Wolfgang Angsten

Bildnachweis:

Aus dem Archiv des Autors: (Seiten 8-13, 28, 29, 69, 86, 87, 88, 89, 91, 92, 93, 94, 95)

Claudia Diewald: (Seiten: 2, 14, 15, 48, 49, 58, 59, Vorsatz, Nachsatz)

Jens Christoph (Seite 8-13, 24-27, 30-47, 50-47, 60-67, 70-85, 88, Vorsatz, Nachsatz)

Artur Feller (Seite 1), Rainer Schmidt (Seiten 4 und 5), Klaus Rumler (Seite 68)

Herstellung: Werbedruck GmbH Horst Schreckhase, Spangenberg

Entrecôte Ribeye
ROHES FLEISCH